I0798877

Maravillas

MI LIBRO DE LECTURA Y ESCRITURA

Mc Graw Hill

COVER: Nathan Love.

mheducation.com/prek-12

Send all inquiries to:
McGraw-Hill Education
Two Penn Plaza
New York, New York 10121

ISBN: 978-0-07-702806-0
MHID: 0-07-702806-6

Printed in the United States of America.

3 4 5 6 7 8 9 LMN 23 22 21 20 A

¡Bienvenidos a Maravillas!

Explora textos apasionantes de **Literatura**, **Ciencias** y **Estudios Sociales**.

- ★ **LEE** acerca del mundo que te rodea.
- ★ **PIENSA**, **HABLA** y **ESCRIBE** sobre géneros literarios.
- ★ **COLABORA** en charlas e investigaciones.
- ★ **¡EXPRÉSATE!**

my.mheducation.com

Con tus datos de acceso podrás leer textos, practicar fonética, ortografía, gramática y mucho más.

Unidad 7 El reino animal

La gran idea

Semana 1 • Los bebés de los animales

CIENCIAS

Recursos digitales *Consulta este libro electrónico y otros recursos en:* **my.mheducation.com**

Semana 2 • Amigos de las mascotas

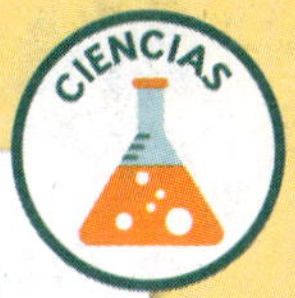

Semana 3 • Hábitats de animales

CIENCIAS

Unidad 7

El reino animal

La gran idea

¿Qué clases de animales hay?

Conversa acerca de los animales de la ilustración.

Encierra en un círculo los animales que has visto o acerca de los que has leído.

Describe otro animal que conozcas.

Coméntalo

Pregunta esencial ¿En qué se parecen y en qué se diferencian algunos animales?

Comenta en qué se parecen y en qué se diferencian los patitos y el gatito.

Escribe en qué se parecen y en qué se diferencian los patitos y el gatito.

Estos animales bebé se parecen en que

Estos animales bebé se diferencian en que

Image Source/Corbis

Leer

Responde al Superlibro

Vuelve a contar el texto de no ficción.

Escribe acerca del texto.

Un dato interesante que aprendí es

Evidencia en el texto

Página

Uno de los animales que descubrí es

Evidencia en el texto

Página

Conversa acerca de los animales bebé que conoces.

Dibuja y **escribe** acerca de tu animal bebé favorito.

Mi animal bebé favorito es

Releer

Superlibro

Puedes comparar y contrastar cuando lees. Puedes pensar en qué se parecen y en qué se diferencian las cosas.

Escucha una parte del texto.

Compara y **contrasta** dos de los animales bebé.

Escribe en qué se parecen y en qué se diferencian estos animales bebé. Escribe sus nombres en las líneas.

Acuérdate

Cuando no entendemos una parte de un texto, podemos pensar en lo que ya sabemos sobre ese tema.

Diferencias Parecidos Diferencias

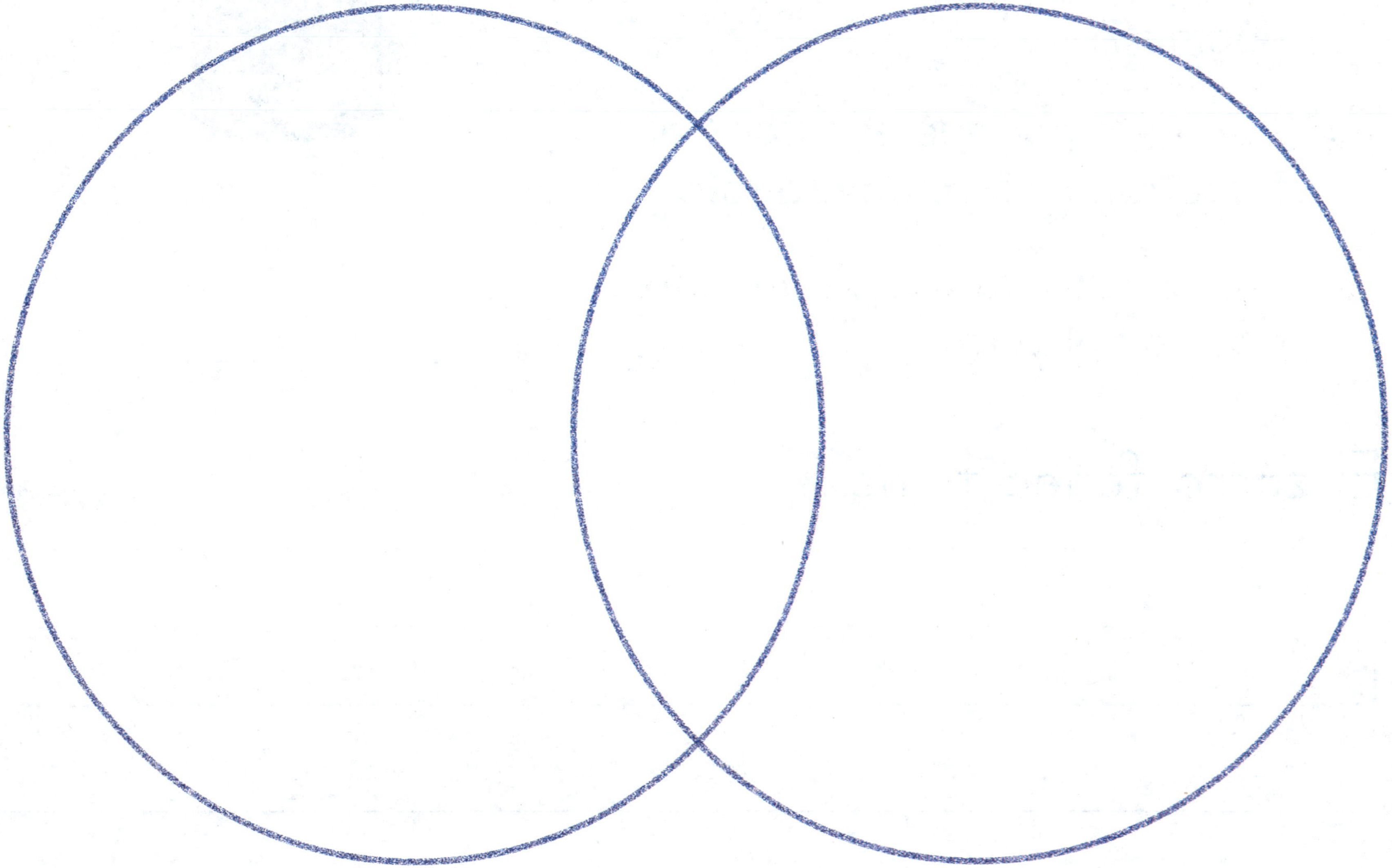

Superlibro

Mira la foto del zorro fénec en la página 7.

Comenta por qué el autor y el fotógrafo incluyeron esa foto.

Escribe dos datos que da la foto acerca del zorro.

El zorro fénec tiene

1. ______________________________

2. ______________________________

Escucha la página 28. Mira la foto.

Comenta por qué el autor dice que el wombat tiene palas en las patas.

Dibuja y **escribe** acerca de las patas del wombat.

Las patas del wombat

Lectura compartida

Buscar evidencias

Lee el título. Mira las fotos. Piensa en lo que quieres aprender con este texto.

Encierra en un círculo la palabra **muy**.

¿Qué bebé te gusta más?

Benjamin Rossi

Radius Images/Alamy

Soy una llamita.

Vivo en un valle muy bonito.

Lectura compartida

Buscar evidencias

Subraya la palabra **tengo**.

Encierra en un cuadrado el animal que tiene una mamá osa y un papá oso.

Design Pics/Robert Brown

Soy un osito.

Juego en el Polo.

Tengo una mamá osa

y un papá oso.

Ron Erwin/All Canada Photos/Getty Images

Lectura compartida

Buscar evidencias

Encierra en un círculo la palabra que tiene la sílaba **lli** y nombra a un animal bebé.

Subraya la palabra que indica de qué color es el pollito.

Soy un pollito.

¡Soy todo amarillo!

Digital Vision/Getty Images

Ella es mi mamá.

Es muy mimosa.

GK Hart/Vikki Hart/Photodisc/Getty Images

Lectura compartida

Buscar evidencias

Encierra en un círculo la palabra que tiene la sílaba **lla** y nombra un animal. Encierra en un círculo la foto de ese animal.

Vuelve a contar el texto. Si no entiendes algo, vuelve a leerlo.

Señala la llamita,

el osito y el pollito.

¿Qué bebé te gusta más?

¡Señala el más bonito!

Daly and Newton/Riser/Getty Images

Releer

Lectura complementaria

Escucha "Hipopotamito". ¿Cuáles son las palabras del poema que riman?

Dibuja una palabra que rima con **chiquitito**.

Escribe la palabra.

Acuérdate

Podemos pensar en otras palabras que rimen con *chiquitito* para agregar versos al poema, como *bonito, favorito, despacito, perrito.*

Una palabra que rima con **chiquitito** es

Escucha el poema.

Encierra en un círculo el animal que hace "ki, ki, ri, ki, kí".

Encierra en un cuadrado el animal que hace "cloc, cloc, cloc, cloc, cloc".

Escríbelo

¿Qué sonidos hacen otros animales de la ilustración? Escribe dos versos nuevos.

Soy el (caballo/cerdito) ¡____!

Integrar **Búsqueda e investigación**

Características de los animales

Paso 1 **Conversa** acerca de los animales y sus características especiales. Elige uno para investigar.

Paso 2 **Escribe** una pregunta acerca de la característica especial de tu animal.

Paso 3 **Mira** libros o usa internet. Busca las palabras que no conozcas en un diccionario ilustrado.

Paso 4 **Dibuja** y **escribe** lo que aprendiste.

Paso 5 **Elige** una buena forma de presentar tu trabajo.

Integrar

Haz conexiones

Dorling Kindersley/Getty Images

Conversa acerca de estos animales. ¿En qué se parecen? ¿En qué se diferencian?

Compara estos animales con los animales de *Nacidos en el zoo.*

Acuérdate

Para poder **contrastar** y **comparar**, podemos buscar detalles en las ilustraciones y fotos.

Lo que sé ahora

Piensa en los textos que leíste esta semana.

Los textos hablan de

Piensa en lo que aprendiste esta semana. ¿Qué más te gustaría saber? Comenta tus ideas.

Comenta algo que aprendiste acerca de los textos de no ficción.

Coméntalo

Pregunta esencial ¿Qué cuidados necesitan las mascotas?

Comenta lo que hace el niño para cuidar a su perro.

Dibuja y **escribe** acerca de una manera de cuidar a un perro.

Para cuidar a un perro, puedo

Leer

Responde al Superlibro

Vuelve a contar el cuento de ficción realista.

Escribe acerca del cuento.

El personaje principal es

____

Evidencia en el texto

Página

Sé que Joaquín tiene imaginación porque

____

Evidencia en el texto

Página

Comenta qué mascota te gustaría armar si fueses inventor como Joaquín.

Dibuja esa mascota y **escribe** con qué cosas la armarías.

La mascota que crearía es

Releer

Superlibro

Muchos cuentos tienen un problema y una solución.

- **El problema es lo que un personaje quiere hacer o resolver.**
- **La manera en que resuelve ese problema es la solución.**

Escucha con atención una parte del cuento.

Conversa y **escribe** acerca del problema de Joaquín.

Dibuja y **escribe** acerca de la solución.

La solución es

Releer Superlibro

Escucha la página 9. Presta atención a las palabras que riman.

Comenta cómo te ayudan las palabras que riman a visualizar las mascotas.

Dibuja la palabra que rima con **peso**.

Acuérdate

En un cuento, el autor puede usar **palabras que riman** para que el cuento sea divertido y para ayudarte a imaginar lo que cuenta.

Mira las páginas 12 a 15.

Piensa en qué se parece y en qué se diferencia la forma en que el autor presenta cada mascota.

Escribe qué crees que sucederá en las siguientes páginas. Luego, comprueba si acertaste. ¿Por qué?

Acuérdate

Pensar cómo organiza el autor el cuento te ayudará a predecir qué pasará a continuación.

¿Qué sucederá en las siguientes páginas?

¿Acertaste?

Lectura compartida

Buscar evidencias

Haz una predicción acerca del cuento. Usa el título y las ilustraciones como ayuda. Lee para averiguar si tu predicción es correcta.

Encierra en un círculo las palabras que tienen la sílaba **ga**.

Mi amigo Gufo

Mariana Vargas

Mira qué bonito perrito.

¿Jugará con mi gato?

Lectura compartida

Buscar evidencias

Subraya las palabras **quién** y **al**.

Piensa en lo que ha pasado hasta el momento. Haz una predicción acerca de lo que pasará. Sigue leyendo para ver si tu predicción es correcta.

Gufo es amigo de mi gato.

¿Quién ganará el aro?

¿Quién agarra la pelota?

¡Gufo le gana al gato!

Lectura compartida

Buscar evidencias

Subraya la palabra **al**.

Encierra en un círculo el animal que está **detrás**, en la página 42.

El gatito mira al perrito.

Y el perrito... ¿qué mira?

¡Mira lo que tengo!

Gufo jala del aro.

Lectura compartida

Buscar evidencias

Encierra en un círculo la palabra que termina con la sílaba **go**.

Comenta tu predicción. ¿Fue correcta? Usa las palabras y las ilustraciones como ayuda para decidir. Luego, vuelve a contar el cuento.

Meto a Gufo en la tina.

¡Moja todo el baño!

Mimo a mi perrito Gufo.

Él sabe que soy su amigo.

Releer

Lectura complementaria

Escucha la narrativa personal.

Encierra en un círculo el personaje que cuenta el cuento. Escribe su nombre.

Comenta las palabras que te indican que la autora cuenta un cuento sobre ella misma.

Acuérdate

A veces, los autores escriben acerca de su propia vida. Este tipo de cuento se llama **narrativa personal**.

Escucha las páginas 34 y 35.
¿Qué palabras usa Lola para mostrar los sonidos que hace su mascota?

Dibuja y **escribe** acerca del sonido que hace Bella.

Escríbelo

Lola escribió acerca de ella misma y una mascota. Escribe tú una narrativa personal acerca de ti y una mascota que tengas o conozcas. Usa palabras que representen sonidos.

El sonido que hace Bella es

Integrar **Búsqueda e investigación**

El cuidado de una mascota

Paso 1 **Comenta** lo que harías para cuidar a diferentes mascotas. Elige una mascota e investiga acerca de ella.

Paso 2 **Escribe** una pregunta acerca de cómo cuidar esta mascota.

____

____

____

Paso 3 **Mira** libros o usa internet. Busca las palabras que no conozcas en un diccionario ilustrado.

Paso 4 **Dibuja** lo que aprendiste.

Paso 5 **Escribe** lo que aprendiste en tu cuaderno de escritura. Usa palabras que hayas aprendido.

Paso 6 **Elige** una buena manera de presentar tu trabajo.

Integrar

Haz conexiones

Comenta la foto. ¿Cuáles son las claves que te indican lo que la niña siente por su conejo?

Compara la niña y su conejo con Joaquín y sus mascotas de *El zoo de Joaquín.*

Acuérdate

Para comentar la foto, podemos decir:

La niña ama a su conejo porque _____.

El conejo parece __________.

Claudia Rehm, Red Chopsticks Images/Getty Images

Lo que sé ahora

Piensa en los textos que leíste esta semana.

Los textos hablan de

Piensa en lo que aprendiste esta semana. ¿Qué más te gustaría saber? Comenta tus ideas.

Comenta algo que aprendiste acerca de los cuentos de ficción realista.

Coméntalo

Pregunta esencial ¿Dónde viven los animales?

Comenta la foto. ¿Por qué la guarida es un buen hogar para el zorro?

Dibuja y **escribe** acerca del hogar de un animal que conozcas.

Este es un buen hogar porque

Leer

Responde al Superlibro

Vuelve a contar el cuento de fantasía.

Escribe acerca del cuento.

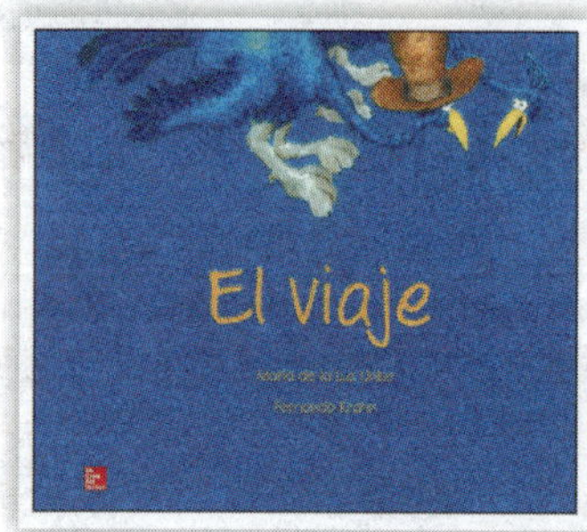

Sé que Tac es precavido porque

____

Evidencia en el texto

Página

Sé que este es un cuento de fantasía porque

____

____

Evidencia en el texto

Página

Comenta por qué las aves reales vuelan de un lugar a otro.

Dibuja y **escribe** acerca de aves reales.

Las aves

Superlibro

Una causa es lo que hace que algo suceda. El efecto es lo que sucede.

Escucha las páginas 6 a 13.

Comenta cuál es la causa de que Tac lleve una maleta muy grande.

Escribe acerca de la causa y el efecto.

Tac quiere

____

Esto causa que

____

Escucha las páginas 22 a 27.
¿Qué causa que Tic diga "qué ligeros"?

Dibuja la causa y el efecto.

Acuérdate

Para hallar el **efecto**, pregunta: *¿Qué sucede?*
Para hallar la **causa**, pregunta: *¿Qué hace qué esto suceda?*

Causa → Efecto

Releer Superlibro

Escucha las páginas 8 a 10. ¿Qué quiere que imagines la autora al hacer una lista de lo que lleva Tac?

Encierra en un círculo lo que lleva Tac.

Dibuja algo que lleva Tac.

sombrero

corbata

abrigo

tenedor

pañuelos

Escucha las páginas 18 y 20.
¿Qué crees que pasará con la linterna y la cuerda que lleva Tac?

Escribe qué crees que pasará a continuación. Luego, escribe si acertaste o no. ¿Por qué?

Combina información
Conversa acerca del patrón del cuento. ¿Por qué la autora menciona uno a uno los objetos de la maleta?

¿Qué pasará a continuación?

¿Acertaste?

Lectura compartida

Buscar evidencias

Lee el título. Mira las fotos. Piensa en lo que quieres aprender con este texto.

Encierra en un círculo las palabras que tienen la sílaba **ca**.

Cada uno está en su casa

Noelia Manzur

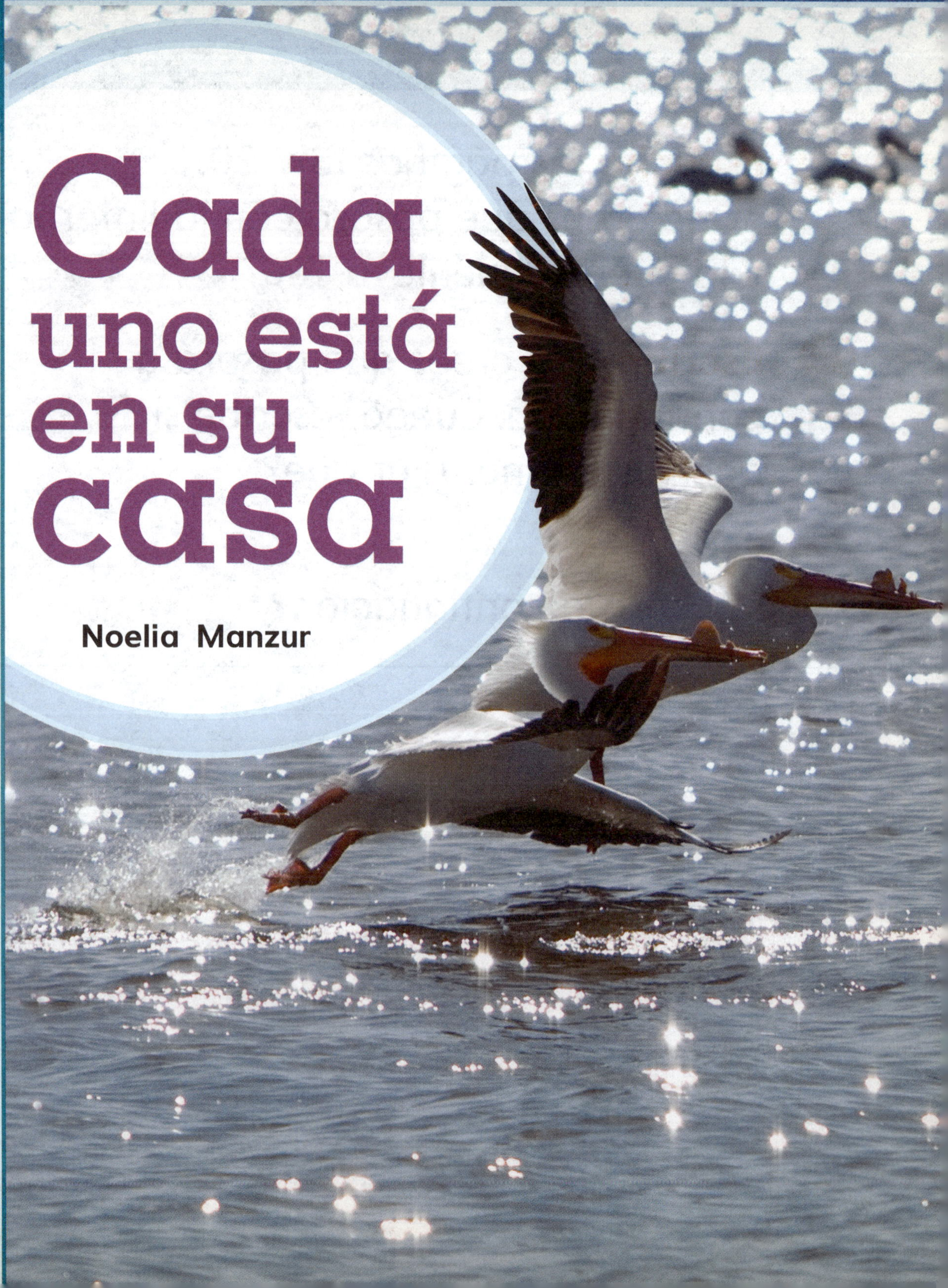

Mira la laguna.

¡Veo una rana y pelícanos!

Lectura compartida

Buscar evidencias

Subraya la palabra **dónde**.

Encierra en un círculo quién come en el llano. Di cómo te ayudan las fotos a comprender qué es un llano.

¿Dónde está el caballo?

Galopa y galopa en el llano.

¿Dónde está la vaca?

La vaca come en el llano.

(bkgd) Wetzel and Compan;Pixtal/AGE Fotostock

Lectura compartida

Buscar evidencias

Piensa en cómo es el lugar donde viven estos animales. Cierra los ojos y dile a un compañero lo que visualizas.

Encierra en un círculo la palabra que indica qué hace el coyote.

¿Dónde está el coyote?

Camina por la arena.

En la arena se

asoma el suricato.

¡Y el camello se pasea!

(bkgd) Wetzel and CompanMattias Klum/National Geographic/Getty Images; (b) Life on white/Alamy

Lectura compartida

Buscar evidencias

Encierra en un círculo la palabra **está**.

Comenta qué pregunta repite la autora. ¿Cómo te ayuda a comprender el texto? Luego, vuelve a contarlo.

¿Dónde está la ballena?

¡Está bajo el mar!

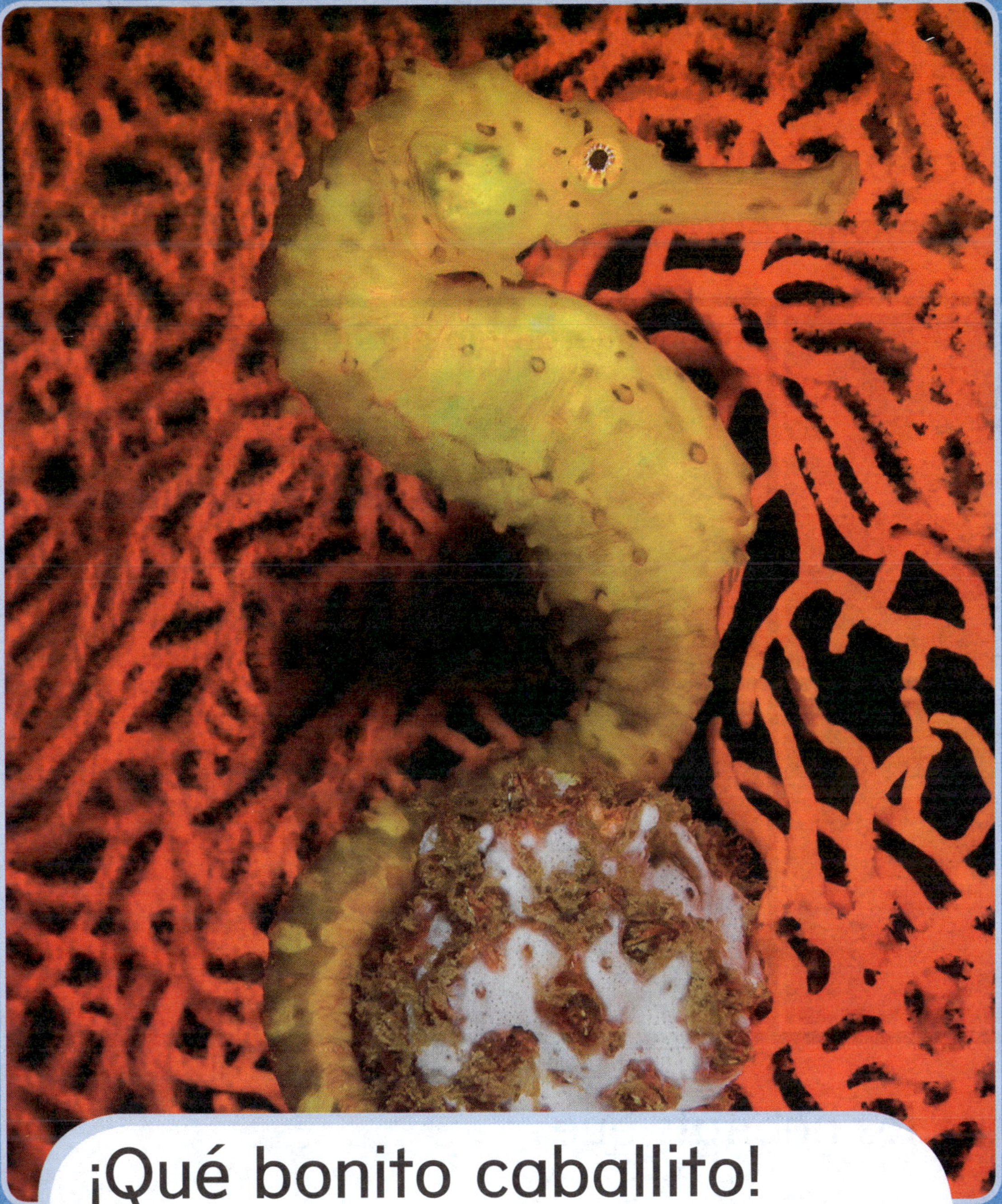

¡Qué bonito caballito!

¡Cada uno está en su casa!

(bkgd) Wetzel and Compan; Suwat Sirivutcharungchit/Shutterstock

Releer

Lectura complementaria

Mira los hábitats de los animales.
¿En qué se parecen y se diferencian?

Encierra en un círculo los hábitats que están bajo tierra.

Encierra en un cuadrado los hábitats que están bajo el agua.

Mira la página 32. ¿Qué quiere el autor que sepas?

Escribe acerca de eso.

En la imagen pequeña se ve

____

El rótulo indica

____

En la imagen grande se ve

____

Acuérdate

Para hablar acerca del hábitat de un animal podemos decir:

Este animal vive en ______.

Este es un buen hábitat porque ______.

Coméntalo

Mira las páginas 32 y 33. El castor y el pez payaso viven en el agua. ¿En qué se parecen y en qué se diferencian sus hábitats?

Hábitats de animales

Paso 1 **Conversa** acerca de diferentes hábitats de animales. Elige uno e investiga acerca de él.

Paso 2 **Escribe** una pregunta acerca del hábitat.

Paso 3 **Mira** libros o usa internet. Busca las palabras que no conozcas en un diccionario ilustrado.

Paso 4 **Dibuja** lo que aprendiste.

Paso 5 **Escribe** lo que aprendiste en tu cuaderno de escritura. Usa las palabras nuevas que aprendiste.

Paso 6 **Elige** una buena manera de presentar tu trabajo.

Integrar

Haz conexiones

Comenta la foto.

Una suricata y su cachorro miran desde su madriguera.

Compara el hogar de las suricatas con el hábitat de las aves de *El viaje*.

Acuérdate

Para hablar acerca del hábitat de los animales, podemos decir:

Los animales viven en ___________ (la pradera, el desierto, el océano, el bosque, un estanque, la selva).

Jonathan Heger/E+/Getty Images

Lo que sé ahora

Piensa en los textos que leíste esta semana.

Los textos hablan de

Piensa en lo que aprendiste esta semana. ¿Qué más te gustaría saber? Comenta tus ideas.

Comenta algo que aprendiste acerca de los cuentos de fantasía.

Tarjetas de fonética

Aa

a
abeja

Bb

ba be bi
bo bu
bate

Cc

ca co cu
camello

Cc

ce ci
cepillo

Ch ch

cha che chi
cho chu
chaleco

Dd

da de di
do du
delfín

Ee

e
elefante

Ff

fa fe fi
fo fu
fuego

Gg

gue gui güe güi
ga go gu
guitarra

Gg

ge gi
gema

Hh

ha he hi
ho hu
hipopótamo

Ii

i
iguana

Jj

ja je ji
jo ju
jirafa

Kk

ka ke ki
ko ku
koala

Ll

la le li
lo lu
limón

Ll ll

lla lle lli
llo llu
llave

Mm

ma me mi
mo mu
mapa

Nn

na ne ni
no nu
nido

Ññ

ña ñe ñi
ño ñu
ñandú

Oo

o
oso

Pp

pa pe pi
po pu
piano

Qq

que qui
queso

Rr

ra re ri ro ru
-rra -rre -rri
-rro -rru
rosa

Rr

-ra -re -ri -ro -ru
pera

Ss

sa se si
so su
sol

Tt

ta te ti
to tu
tortuga

Uu

u
uvas

Vv

va ve vi
vo vu
volcán

Yy

ya ye yi
yo yu
yo-yo

Zz

za ze zi
zo zu
zapato

Credits: (abeja) IT Stock Free/Alamy; (bate) Radlund & Associates/Artville/Getty Images; (camel) Dave Stamboulis Travel Photography/Flickr/Getty Images; (delphin) imagebroker/Alamy; (elephant) Ingram Publishing/Alamy; (fire) Comstock Images/Alamy; (guitar) Jules FraGetty Images; (oso) Photodisc/Getty Images; (piano) Photo Spin/Artville/Getty Images; (queso) John A. Rizzo/Photodisc/Getty Images; (rosa) Steve Cole/Photodisc/Getty Images; (sol) 97/E+/Getty Images; (tortuga) Ingram Publishing/Fotosearch; (uvas) Ingram Publishing/Alamy; (vocan) Westend6l/Getty Images; (yo-yo) D. Hurst/Alamy; (zapatos) C Squared Studios/Photodisc/Getty Images

Modelos de caligrafía

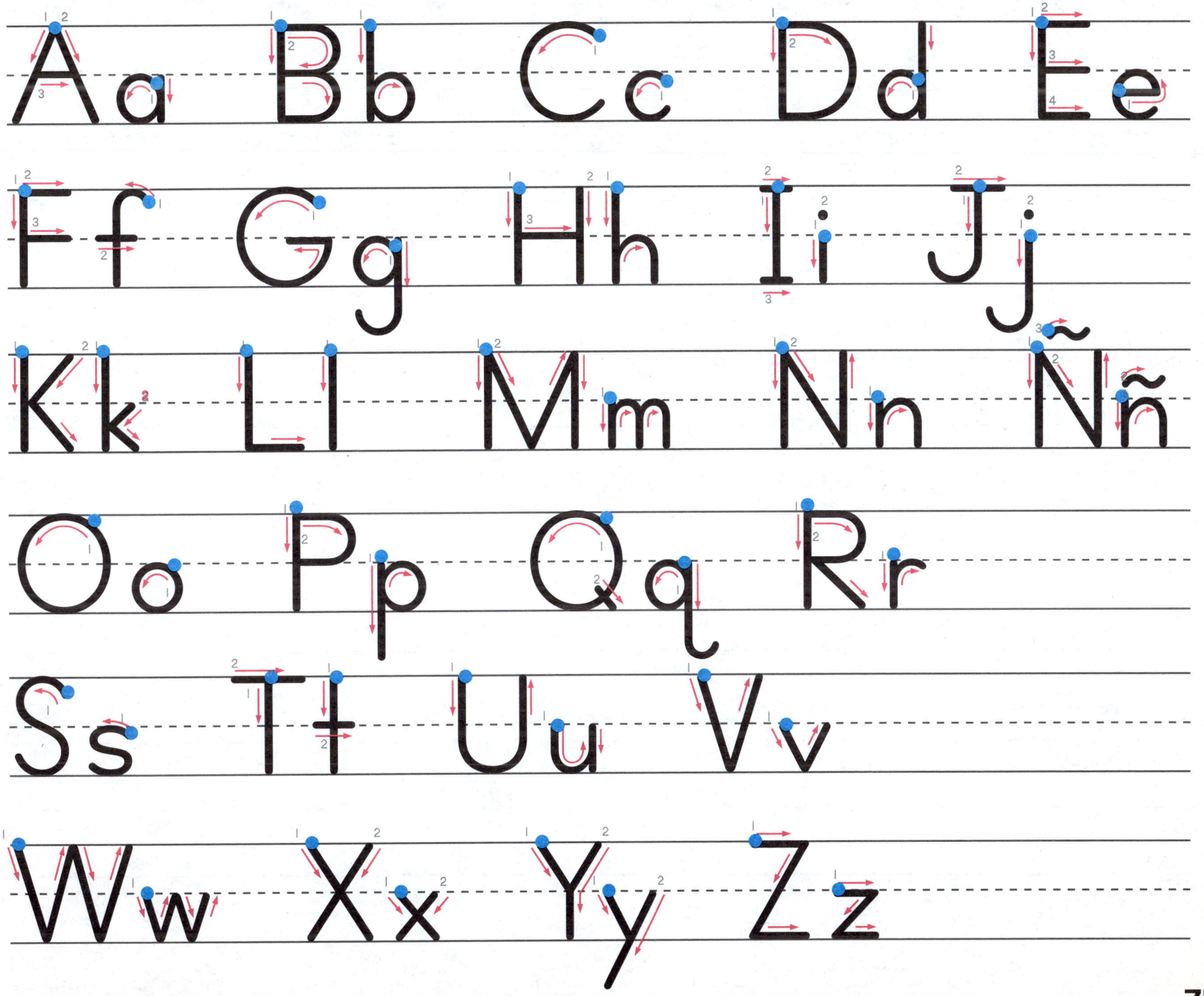